Dictionnaire complet de l'argot employé dans les Mystères de Paris

Anonymous

Alpha Editions

This edition published in 2022

ISBN : 9789356893030

Design and Setting By
Alpha Editions
www.alphaedis.com
Email - info@alphaedis.com

Contents

batif quelque chose de tout neuf

d'ocas id d'hasard

morfiller manger

picter boire

fricmart met quelconque

japhe soupe

crigne viande

verdouse salade

rème fromage

larton brutale pain bis

larton savoné pain blanc

pivois du vin

des peteux des haricots

caudaf eau-de-vie

de la lance de l'eau

lansquiner pleuvoir

du rifle du feu

rifauder brûler

lingue un couteau

vingtdeux un poignard

des faucheux des ciseaux

un crachant un pistolet

masser travailler

gaille un cheval

branc un âne

pelard du foin

fertille de la paille

grenouse de l'avoine

avergot un oeuf

ruouet un porc

piron un canard

engache une oie

piquenter un poulet

bélant un mouton

une cornante une vâche

une boule une foire

un boulineur voleur de foire

esganacher arracher les dents

drogueur mendiant

drogué demander

drogueur de bretelles mendiant de naissance

regusou un remouleur

grillou un étameur

roulotte voiture

panier à salade voiture dans laquelle on transfère les détenus

la lors prison de la force

être au col être en prison

la préfec dépôt de la préfecture de police

la centrale maison centrale de détention

le pré le bagne

être au dure être condamné aux travaux forcés

gons un homme

gonsesse une femme

gons de c. une homme com-il faut

gonsesse de c. une femme id.

engoncé concubinage

entiflé de c. mariage légitime

béché mépriser quelqu'un

pantre paysan

pantresse paysanne

largue fille prostituée

piaule maison

lourde porte

tuileries les toits

la négresse la cheminée

la venterne la fenêtre

le grimpart l'escalier

quarante une table

glacis un verre

louche une cuillère

piquante une fourchette

tuile une assiette

rouliarde une bouteille

montante une chaise

pieu un lit

pioncer dormir

gamberger compter

un bogue une montre

pendilleuse des boucles d'oreilles

une bride une chaîne

broquilles bague

jonc de l'or

blencar de l'argent

du duret du cuivre

le grand meg des Dieu meg

le grand meg un président

jaspiner causer

jargue argot

entraver entendre

rasi curé

ratichon prêtre

esbasi mort

grinchire voler

poisser vole

aquiger battre

lansquiner des pleurer chasses

avoir tu toup être hardi

morganer mordre

escarper assassiner

escarpe assassin

faucher guillotiner

tape exposition

taroquer marquer

surbile sous la surveillance de la haute police

à user le soleil a vie

être gerbé être condamné

limace chemise

afur bénéfice

surbiner surfaire

fader partager

mon fad ma part

se faire lesse se tromper

poivrier homme saoûl

bonire parler

boniment conversation

débine dispute

débiner mépriser

delader ne pas être heureux

chouet spirituel, joli

lof bête

mesiere monsieur

menesse ma femme

aller au jardin voleur allant faire un coup

aller au persil promenade d'une prostituée

carouble fausse clé

tournante une clé

fondante sir à emprunt

fricfrac casser une porte

cadet instrument avec lequel on casse une porte

remoucher faire attention

rembroquer regarder

satout baton

baluchon paquet

chouriner donner des coups de couteau

grivière soldat

cogne gendarme

la rousse mouchard

la rousse à l'arnache mouchard en bourgeois

la rousse a la agent de police habillé flanc

le condé le commissaire

granp dicime condé le maire ou le préfet

esbigner se sauver

esbigner en jargue s'en aller d'une endroit sans payer

arguse argot

reluisant reverbère

boutanche boutique

entauder entrer

la blafarde la lune

cavaler courir

maquiller arranger quelque chose

camoufler se rendre méconnaissable

radin tiroir de comptoir où l'on met l'argent

chopin sac d'argent

être débiné être salle

ployant portefeuille

griffon chat

cabot chien

solire vendre

abloquire acheter

entape habillement

s'entaper s'habiller

fourguer vendre des obj. vol.

fourgue receleur

faire gasfre surveiller

chialer crier

la planche au pin banc des accusés

un reluis un jour

un marquet un mois

une longe une année

baveux du savon

tac un emplatre

pomeluche pomade

eau de coluche eau de cologne

camelotte marchandise

camelot marchands des rues

être blanc être connu

drague médecin

blencarder blanchir

escracher chasser

maron être arrêté avec preuve

maron mâl pris en flagrand délit

les rembroqueurs les témoins

servi être arrêté

servi de belle être arrêté sans preuve

décaré sortir de prison

centre nom

chouette-centre vrai nom

centre à l'estorgue faux nom

conoblé connu

reconoblé reconnu

maquillé du pognon faire de l'argent

renbiner remettre à neuf

fiquer donner

abouler venir

gambiller danser

une mené une douzaine

turbiné s'occuper

chiné aller offrir ses marchandises

taude rupine maison bourgeoise

bécher faire des cancans

mon orguibus moi-même

fader partager

mon fad ma part

gamberger compter

flac boni quelconque

dématé jeter quelqu'un par terre

raisiné du sang

nettoyer donner une roulée

de la bille des espèces

tréfoin tabac

tréfoin rifaudeur tabac à fumer

bouffarde une pipe

fauf tabatière

faire suer un chêne assassiner un homme

grand trimar grand' route

jy oui

niberque non

nisco non

taffé avoir peur

affeur peureux

être frileux poltron sans courage

avoir eu froid ne pas avoir eu le courage d'achever un crime

mouton homme de leur société qu'ils supposent y avoir été mis pour s'associer seulement à la conversation et les dénoncer ensuite. Dans les prisons, la police y met beaucoup de ces gens qui, ayant l'air d'être détenus, causent avec les prisonniers, et finissent par donner des indices très-précieux à la police qui les transmet ensuite à la justice

mangeur celui qui, faisant partie d'une bande, dénonce les autres

coqueur celui qui, quoique voleur, en fait arrêter d'autres

être coqué être dénoncé

pionville être en ribotte

piouvilé s'être enivré

rivancher coucher avec une demoiselle

des gos des pous

des sautenses des puces

des bouffis des punaises

carcagnot prisonnier, qui prête de l'argent à ses collégues à intérêt. Avant le système pénitentiaire, cela existait dans les prisons et existe encore dans les bagnes. Le carcagnot prête 2 sous pour 3, et en dix ans de temps, amasse des sommes immenses

abouler le pagne porter à manger à un prisonnier

gnient et bigorc rien du tout

rapliquer venir souvent

ronfler réussite complète

affaire filée coup prémédité depuis longtemps

affaire donnée vols que l'on exécute d'après le consentement et les renseignements de portiers ou de domestiques. Ces vols n'arrivent que trop fréquemment

refiler la camelote passer aux associés ce que l'on vient de voler

pomer la camelote pris, porteur d'objets volés dans le pied

fargué rougir

se défarguer déposer les objets dont on est porteur

arsoner un pantre s'assurer si un homme est porteur de choses qui vaillent la peine, et qui soient susceptibles d'être volées

gouaper coucher dehors

sorgue la nuit

gouapeur homme sans asile

une bidoche une ration de viande

mêche moitié de quelque chose

faf papier de sureté

pègre voleur

propre à mibes bon à rien

remouchante une glace

du trèpe du monde

chialer crier

crier à la chianlit au voleur

écornage couper un carreau

du fondant du plomb

du coulan de l'huile

avoir organe avoir faim

riflar parapluie

nettoyante une brosse

frotin billard

avoir à la bonne aimer

avoir le béguin être malade d'amour

floumons un violon

flouant jeu de hasard

flouer jouer

brem des cartes

couvrante une casquette

déboutancher déboutonner

griffarder écrire

babillard du papier

ligoter attacher

une vergue une ville

cambriole une chambre

un villois un village

tartire poser culotte

pantin Paris

un barbotier un canard

du nagant du poisson

lempe drap de lit

un grattou un rasoir

une assurance une canne

une dure une pierre

canard fausse nouvelle

canardier crieur public

blanc connu

rapliquer arriver

lunanche des lunettes

rembroqueuse une lorgnette

être marquant annoncer de l'aisance

marquer avoir l'air riche

noner cacher

calter finir

se réchauffer s'apercevoir

remoucher regarder

sorgue la nuit

être à renaud être contrarié

renauder bisquer

balancer renvoyer

pomeluche pomade

plomber sentir mauvais

le matois le matin

ce matois ce matin

le tardif le soir

la sorgue la nuit

un tiroir faire un trou dans le volet d'une boutique

rengracier finis, on regarde

faire le benjamin substituer une chose à une autre

aller au vague aller commettre un vol

à la flanc au hasard

du flanc donner sa parole

du grand flanc parole d'honneur

se réchauffer s'apercevoir

baluchon paquet

cafemon café

les endosses les épaules

débrider ouvrir

buter tuer

morganer mordre

coucher avec le coucher seul cheval

desbrouf vivement

à la tête du can devant tout le monde

balancer jeter

boule de son un pain entier.

être gerbé être condamné

avoir dans le nez détesté

nazé avoir en horreur

lago la

çago cela

icigo ici

loffitude bêtise

foncer donner

conobler connaitre

reconoblé reconnu

billé payé

DIALOGUES ARGOT ET FRANÇAIS.

Arsone ce pentre, remouche si sa filoche est chouete, il est marquant, si tésigue peux le fourliner, je te vais noner et nous faderons des sigues.

Tâte cet homme, regarde si sa bourse est bonne, si tu peux la lui prendre, je te vas cacher, et nous partagerons des pièces d'or.

* * * * *

Le trep aboule, esbigne-toi et cavale dure.

Le monde vient, sauve-toi et cours vite.

* * * * *

Calte, le pentre se réchauffe.

Finis, le paysan s'en aperçoit.

* * * * *

Remouche donc la bride de cette gonsesse, c'est du jonc.

Regarde donc la chaine de cette femme, c'est de l'or.

* * * * *

Elle doit avoir un bogue remouche la tournante.

Elle doit avoir une montre, regarde la clé.

* * * * *

Cette sorgue j'ai aquigé ma menesse.

Cette nuit j'ai battu ma femme.

* * * * *

Ce qui me met à renaud, c'est d'être entiflé de C.

Ce qui m'embête, c'est d'être marié légitimement.

* * * * *

Mesigue je ne suis qu'engoncé.

Moi je vis en concubinage.

* * * * *

Quand mesigue ne l'aura plus à la bonne, je la balance.

Quand moi je n'en voudrai plus, je la renvoie.

* * * * *

J'ai le béguin pour une mistone de C.

J'aime d'amour une demoiselle comme il faut.

* * * * *

Raplique à la vanterne, rembroque qu'esqu'aboule.

Va à la fenêtre, regarde qu'est-ce qui vient.

* * * * *

Veux-tu morfiller de la japhe.

Veux-tu manger de la soupe.

* * * * *

Nous irons sur le grand trimar escarper un gons.

Nous irons sur la grande route assassiner un homme.

* * * * *

J'ai abloqui des empafs une roue de derrière.

J'ai acheté des bottes 5 fr.

* * * * *

Mon gons est au col.

Mon homme est en prison.

* * * * *

Rifondons don nous ce satou lago.

Brûlons-nous ce bois-là.

* * * * *

Le premier qui boni une loffitude, je l'aquige.

Le premier qui dit une bêtise, je le bats.

* * * * *

Aboule icigo.

Viens ici.

* * * * *

Niberque je ne veux pas m'aquiger avec tesigue.

Non je ne veux pas me battre avec toi.

* * * * *

Je lensquine des chasses, ma frangine est esbasis.

Je pleure, ma soeur est morte.

* * * * *

Ma darone m'a renaudé, je n'irai plus à la piaule.

Ma mère m'a grondé, je n'irai plus à la maison.

* * * * *

J'ai floué au brême, et j'ai paumé du pognon.

J'ai joué aux cartes, et j'ai perdu de l'argent.

* * * * *

Gamberge la gouline et fonce-moi mon fade.

Compte ce qu'il y a dans la valise, et donne-moi ma part.

* * * * *

J'ai poissé la fauf d'un drague, c'est du blencar.

J'ai volé la tabatière d'un médecin, c'est de l'argent.

* * * * *

Conobles-tu un fourgue qui bille bien.

Connais-tu un receleur qui achète un bon prix.

* * * * *

Calte, la rousse à l'arnache raplique.

Prends garde, les agents de police en bourgeois viennent.

* * * * *

Bille à picter aux grivées, quand ils seront pionvilles, nous esbignerons.

Paye à boire aux soldats, quand ils seront saouls, nous nous sauverons.

* * * * *

Si on ne te conoble pas, boni un centre à lestorgues.

Si on ne te reconnaît pas, dis un nom comme il viendra.

* * * * *

Bacle la lourde et au pieu.

Ferme la porte et au lit.

* * * * *

Pictenchons-nous pour deux ronds d'eau d'af.

Buvons-nous pour deux sous d'eau-de-vie.

* * * * *

Niberque j'ai le soufflet aquigé.

Non j'ai mal à l'estomac.

* * * * *

J'aime mieux poisser que de droguer.

J'aime mieux voler que de demander.

* * * * *

Je suis pomé maron male.

Je suis pris flagrant délit.

* * * * *

J'ai escarpé un cogne pour m'esbigner.

J'ai tué un gendarme pour me sauver.

* * * * *

En descendant de la roulotte, il faudra suriner ce pentre.

En descendant de voiture, nous donnerons des coups de couteau à cet homme là.

* * * * *

Niberque je ne veux pas être fauché.

Non je ne veux pas être guillotiné.

* * * * *

Vas donc frileux propre à mibe.

Vas donc peureux, propre à rien.

* * * * *

Tu as le taf de Charlot.

Tu as peur du bourreau.

* * * * *

Fonce-moi 2 ronds et méche pour du tréfoin rifandeur et une boufarde.

Donne-moi deux sous et demi pour avoir du tabac à fumer et une pipe.

* * * * *

J'ai organe, allons-nous morfiller.

J'ai faim, allons-nous manger.

* * * * *

Mon gons est au jardin.

Mon homme est allé faire un coup.

* * * * *

Ma menesse est au persil.

Ma femme est en promenade.

* * * * *

Morfillons-nous un piquentère ou un engache.

Mangeons-nous un poulet ou une oie.

* * * * *

Maquille tes douilles et tes douillettes.

Arrange tes cheveux et ta barbe.

* * * * *

Fonce moi une limasse et des tirans.

Donne-moi une chemise et des bas.

* * * * *

T'as beau bécher, je rengracie, j'ai de la muette.

Tu as beau me mépriser, je ne volerai plus, j'ai de la conscience.

* * * * *

Il y a trois reluis, j'ai fait suer un chêne.

Il y a trois jours, j'ai tué un homme.

* * * * *

Gouale devant ces pentres, ils te fonceront des pognons.

Chante devant ces paysans, ils te donneront de l'argent.

*****

Sais tu maquiller les caroubles.

Sais-tu faire les fausses clés.

*****

Esbigne en jargue d'icigo.

Va-t-en sans payer d'ici.

*****

Fais foncer du pelard et de la grenouze au gaille.

Fais donner du foin et de l'avoine au cheval.

*****

Ta menesse est bien entapée.

Ta femme est bien mise.

*****

Tu n'as pas de pafs aux paturons.

Tu n'as pas de souliers aux pieds.

*****

Et tésigue pas de montant au prose.

Et toi pas de pantalon au derrière.

*****

Je me suis rifaudé les pognes.

Je me suis brûlé les mains.

*****

Le cabe est cause que nous sommes servis marons.

Le chien est cause que nous sommes arrêtés avec preuve.

*****

Mon pivas a deux aquigeuses.

Mon enfant a deux dents.

*****

Aboule icigo ou je t'aquige.

Viens ici ou je te bats.

* * * * *

Viens-tu au vague avec mesigue.

Viens-tu voler avec moi.

* * * * *

Il n'y avait que niberque, j'ai renaudé.

Il n'y avait rien, j'ai été en colère.

* * * * *

Rengracié, le pentre rembroque.

Finis, l'individu nous regarde.

* * * * *

Un tel est maron male, sur un écornage.

Un tel est pris en flagrant délit à couper un carreau.

* * * * *

Refile-moi la camelotte.

Passe-moi ce que tu viens de voler.

* * * * *

Faut escarper les coqueures.

Faut tuer ceux qui nous dénoncent.

* * * * *

Remouche ce pentre, il pionce, fourline-lui son ployant.

Regarde cet homme, il dort, prends donc son portefeuille.

* * * * *

Il y a peut être des talbins.

Il y a peut-être des billets de banque.

* * * * *

J'ai maquillé un tiroir à une boulanche cette sorgue.

J'ai fait un trou à un volet cette nuit.

* * * * *

Quand le pentre t'a rembroqué, tu as fargué.

Quand l'homme t'a regardé, tu as rougi.

* * * * *

Remouche la cambriole où va pioncer ce gniaire lago.

Regarde la chambre où va coucher cet homme-là.

* * * * *

J'ai un rossignol qui est chouette, il débride toutes les lourdes.

J'ai une fausse clé qui est bonne, elle ouvre toutes les portes.

* * * * *

Niberque il y a un cabot qui chialerait.

Non pas, il y a un chien qui avertirait.

* * * * *

Flouons au frotin ou au brême.

Jouons au billard ou aux cartes.

* * * * *

Si je paume, j'ai pas de poignon.

Si je perds, je n'ai pas d'argent.

* * * * *

Ta bille est toute gembergée.

Ton argent est tout compté.

* * * * *

N'aboule pas, je te bute.

Ne viens pas, je te tue.

* * * * *

Je ne rigole plus avec tésigue, tu morganes.

Je ne ris plus avec toi, tu mors.

* * * * *

Ma menesse m'a fait pioncer avec le cheval.

Ma femme m'a fait coucher seule.

* * * * *

Aboule au vague, voilà le tardif.

Viens voler, voilà le soir.

* * * * *

Pour l'étalage, c'est la plombe.

Pour ce qu'il y a à la porte des boutiques, c'est l'heure.

* * * * *

Attends que le pentre soit rentandé.

Attends que l'homme soit rentré.

* * * * *

Vas-y desbrouf à la tête du can, je te none.

Vas-y hardiment devant tout le monde, je te cache.

* * * * *

Balance la camelotte, ou tu es maron.

Laisse tomber l'objet par terre, ou tu es pris.

* * * * *

Balance du tréfoin dans les chasses du cogne et cavale dur.

Jette du tabac dans les yeux du gendarme et cours vite.

* * * * *

Je solis du baveu, y a de l'asfure.

Je vends du savon à détacher, y a du bénéfice.

* * * * *

Tu n'auras pas ton fade, tu es trop frileux, tésigue a manqué de faire servir mésigue.

Tu n'auras pas ta part, tu es trop peureux, tu as manqué de me faire arrêter.

* * * * *

J'ai été escraché de la piaule.

J'ai été renvoyé de la maison.

* * * * *

Le miston est chouette, mais sa darone ne vaut que mibe.

Le jeune homme est bon enfant, mais sa mère ne vaut rien.

* * * * *

Jean est gerbé à 7 longes de dur et surbine à user le soleil.

Jean est condamné à 7 années de travaux forcés et surveillance de la haute police à vie.

* * * * *

J'ai grinchi 32 bogues en jonc à l'écornage.

J'ai volé 32 montres en or par l'ouverture d'un carreau.

* * * * *

J'ai eu pour mon fade 1,503 balles, 18 ronds et méche.

J'ai eu pour ma part 1,503 fr. 92 c. et demi.

* * * * *

Ma ménesse a reçue un coup de pateron dans le prose sa lui a aquigé.

Mu femme a recue un coup de pied dans le derrière sa lui a fait mal.

* * * * *

Rembroque ce bibon comme il remouche cette mistonne.

Regarde ce vieux comme il regarde cette femme.

NOMENCLATURE ET EXPLICATION DES VOLS DONT CHAQUE JOUR TOUT LE MONDE EST VICTIME, PRINCIPALEMENT LES COMMERÇANTS.

LE VOL A L'ÉCORNAGE.

Ce genre de vol se fait assez souvent par des gamins. Voilà comment se fait le vol à l'écornage: ils s'approchent de votre magasin et mettent entre le bois et le carreau la pointe d'un couteau, en pesant dessus légèrement, ils obtiennent sans bruit une petite fente, et ensuite en posant l'ongle du pouce dessus la félure, et pesant un peu, ils font filer la fente par tous les zig zag qu'ils ont besoin d'obtenir; en faisant une seconde fente au même carreau, ils en obtiennent qui se rejoignent (ce genre de vol s'effectue souvent chez les marchands de nouveautés); ils poussent légèrement en dedans, le morceau tombe sans bruit sur une pièce d'étoffe, ils se sont pratiqué une ouverture, et dévalisent ainsi la montre d'un honnête commerçant. Si le coup manque, avant que le maître de la maison soit sorti, ils sont déjà loin. Aussi vive la mode de Paris, le soir des grillages en fer.

LE SAUT A LA MÉCANIQUE.

Lorsque vous êtes dans un endroit sombre et désert, un homme vient doucement derrière ou à côté de vous, vous jette un mouchoir autour du cou et vous enlève sur ses épaules; pendant qu'il vous tient ainsi, un autre dévalise vos poches. Tous ne pouvez crier ni vous défendre, lorsqu'ils ont fini, ils vous laissent sur la place moitié sans connaissance par la strangulation.

Lorsque nous faisons route à pied, ayons toujours un chien.

LE VOL AU RENDEZ-MOI.

Voici de quelle manière ce genre de vol s'effectue: un individu se présente chez un débitant, tel que épicier, marchand de vins, débitant d'eau-de-vie, boulanger, charcutier, il achète quelque chose et paie avec une pièce de cinq francs; immédiatement après, un autre individu, son compère, vient acheter quelque chose aussi, il choisit le moment qu'il y ait beaucoup de monde à servir, et ne se presse jamais de l'être; cependant on lui délivre ce qu'il demande, et il dit au marchand: rendez-moi sur la pièce de cinq francs que je viens de vous donner. Le marchand dit n'avoir rien reçu, le voleur s'obstine et prend même la première personne venue à témoin, qui bien sûr dit n'avoir rien vu, alors il semble douter de lui-même, et dit, au surplus, je n'avais que cinq pièces de cinq fr. sur moi, ainsi nous allons voir: ce disant, il vide sa poche et en extrait quatre pièces de cinq francs, et dit vous voyez; puis il regarde ces pièces et dit au marchand: tenez, pour mieux vous persuader, je me rappelle que la pièce qui me manque était de 1828 et avait une barre en travers du cou de Charles X, regardez dans votre comptoir, si vous ne trouvez pas cette pièce, je déclare avoir perdu. Le marchand, avec l'assurance qu'elle ne peut y être, regarde, et, à son grand désapointement, la trouve, il est obligé de rendre la monnaie. Le flibustier a toujours soin de prendre au plus pour 10 ou 20 centimes. Voilà comment s'exécute le rendez-moi.

SOLICEURES A LA POGNE.

Les soliceures à la pogne sont des marchands qui s'habillent en marins ou en soldats, qui n'ont jamais avec eux qu'une très-petite quantité de marchandises. Habituellement les articles qu'ils tiennent sont les rasoirs à deux lames, des couteaux, des montres en or, des madras, des mouchoirs de batiste et des coupons de toiles, des services damassés. Les rasoirs sont en fer, les montres en chrisocale; les madras, mouchoirs, coupons de toiles et service damassé, le tout est en coton apprêté, ils s'annoncent chez vous, comme rentrant dans leurs foyers, et ayant passé en contrebande l'objet qu'ils vous offrent, destiné à faire un cadeau à leurs parents, mais ils ont encore loin pour arriver dans leur pays, ils n'ont plus d'argent, et le besoin est la seule cause qu'ils s'en défont, ils n'en connaissent pas le prix; quoiqu'il en soit, ils ne manquent pas de vous faire l'objet quatre fois plus que cela ne vaudrait en bonne qualité, et n'importe quel prix vous en offrirez; ils vous le laissent; ils gagnent encore moitié.

LES CAREURES EN GARGUES.

Les careurs en gargues sont du genre fashionable, ils portent toujours des besicles, ont l'air myope, entrent chez un bijoutier, ont un bijou de prix dont la pierre est égarée, ils veulent la remplacer. Le bijoutier s'empresse de leur en montrer de différentes espèces, et les prétendus myopes s'approchent de très-près de la carte où se trouve déposés brillants et perles fines, et avec leurs langues, attirent subtilement dans leurs bouches plusieurs perles et diamants. Ces voleurs sont rarement pris, et gagnent beaucoup.

LE VOL A LA MARQUE.

Voilà un vol très-adroitement fait qui s'exécuta il y a quelques mois chez un bijoutier de la rue Saint-Honoré. Un individu, richement vêtu, se présenta chez lui, et demanda à voir quelques tabatières en or, il fut dans l'indécis de savoir laquelle il choisirait dans la crainte qu'elle ne convint pas à son épouse, et dit: c'est une surprise que je lui ménage. Demain matin mon domestique viendra vous avertir, et vous viendrez avec lui chez moi, vous apporterez celles qui sont émaillées, c'est celles qui seront le plus à son goût; le bijoutier le reconduit avec force compliments. Et en effet, le lendemain, à huit heures du matin, un domestique à livrée élégante se présente et dit: Monsieur, veuillez m'accompagner chez M****. L'honnête commerçant s'empresse de suivre ce jokei, qui lui dit: nous allons rue Lafitte, 12. Quelques instants après, il se rappelle avoir oublié une commission que Madame lui a donné, et qui va lui faire avoir de grands désagréments, c'est à deux pas, il engage le bijoutier à continuer jusqu'à l'hôtel, ce que celui là fait. Notre prétendu domestique arrive tout essoufflé chez le bijoutier et demande que l'on lui remette les boîtes marquées IIKV et XXIXV, etc., etc., il en obtient six; le bijoutier vient de sortir un instant auparavant avec ce domestique, il demande avec des renseignements trop positifs pour que l'on conçoive l'ombre du doute, l'on remet les objets au faux domestique. Au bout de quelques instants, le malheureux bijoutier revient chez lui tout désappointé de ne pas avoir trouvé à l'adresse indiquée ce qu'il cherchait, et il l'est bien plus, quand il apprend la manière dont il est floué.

LE VOL AU CONOBLEMENT.

Un individu porte chez un horloger une montre à arranger, et ne manque pas en même temps de saisir l'un des noms sur certaines montres en réparation, et sachant le nom, il le donne à un de ses complices, qui vient avec hardiesse chez le bijoutier: voulez-vous me remettre la montre de M.....? le bijoutier n'hésite nullement, la donne; et le voleur s'en va.

LE VOL AU POIVRIER.

Ce sont ceux qui, les dimanche et lundi soir, rodent les barrières et les boulevarts extérieurs, où ils ne manquent pas de trouver des hommes ivres, ils les dévalisent.

LE VOL A L'ATTRAPAGE.

Le vol à l'attrapage se fait ainsi: un individu vous cherche dispute, vous vous battez, d'autres de ces affidés viennent pour vous séparer. Bousculé d'un côté et d'un autre, il vous dévalise sans que vous vous en doutiez.

LE VOL A LA FOURLINE.

Les fourlineurs sont ceux qui vont dans les réunions, dans les assemblées et vous volent dans vos poches ce qu'ils peuvent y fourliner. Le fourlineur a toujours avec lui deux ou trois acolytes qui s'appellent ses nones (il le none veut dire, il le cache), il s'arrange de manière à ce qu'il ne soit pas vu, car le fourlineur a plus à craindre des autres que de vous-même qu'il vole.

LE VOL A LA RAMASTIQUE

Souvent ils sont habillés et portent le mannequin comme les chiffoniers, ils affectent devant quelqu'un de trouver, de ramasser un objet quelconque, soit une bague, soit une cuillère à café, ils ont toujours soin de le ramasser de manière à ce que vous le remarquiez, il vous offre de vous le vendre, dans l'idée de faire un bon marché, vous ne manquez pas d'en offrir un prix; le ramastiqueur vous le laisse toujours, la bague est en argeut doré et la cuillère en maillechiort.

LE VOL A L'ÉTALAGE.

Ce sont ceux qui agrippent tout ce qu'ils trouvent à la porte des magasins, ils sont presque toujours en blouse, les mains dans leurs poches et par-dessous leur blouse, ils empoignent tout ce qu'ils trouvent.

LE VOL AU RACOLAGE.

C'est celui qui vous arrête dans la rue et vous offre une reconnaissance du mont de piété à acheter, c'est, dit-il, celle de sa montre qu'il a mis là, faute d'ouvrage, et que le besoin de s'en retourner à son pays le force à vendre la reconnaissance à son grand regret, une si bonne montre qui venait de son père, la montre n'est engagée que pour 6 francs, il n'a pas voulu plus, croyant avoir plus de facilité à la retirer, mais l'on lui en a offert 18 fr. il n'a jamais que la petite reconnaissance, car la grande porte l'estimation. Encore les gens de province à qui il s'adresse ne connaissent pas le train-train du mont de piété, ils y seraient pris de même. Enfin il vous offre la reconnaissance en pleurant de se détacher d'une aussi bonne montre, il vous la laisse pour 10 francs, et 6 du prêt, çà fait 16, la montre en vaut 30, elle n'en vaut pas 6, car les commissionnaires au mont de piété forcent toujours le prêt.

LE VOL A LA CHARITÉ

Le vol à la charité s'exécute en faisant l'aumône. Voici comment: un individu bien mis, entre chez un bijoutier, demande à voir des bijoux, et en les regardant, il tâche, sans que le bijoutier s'en aperçoive, de laisser tomber un bijou par terre; s'il le voit, c'est par mégarde, s'il ne le voit pas, un instant après le bijou tombé, un mendiant vient demander la charité, et le voleur lui tend une pièce de monnaie, elle lui échappe des mains; le mendiant la ramasse, et en méme temps le bijou. Si le joaillier s'aperçoit du déficit et le manifeste à celui qui, après l'avoir amusé longtemps, s'en va sans rien acheter; impunément il lui offre de le fouiller, il est bien sûr que l'on ne trouvera rien sur lu.

LA BOITERNIERE.

Les boiternières sont porteuses d'une boîte très bien garnie de bijoux tous plus beaux les uns que les autres. Chaque objet est coté suivant la valeur que la boiternière veut lui donner; au milieu, habituellement, il y a une montre cotée 350 francs; ce jeu se joue ainsi: elles ont un cornet en cuir, dans lequel elles roulent plusieurs dez que l'on jette au hazard; la boiternière, pour vous exciter à jouer, vous fait jouer un coup pour rien, alors vous gagnez, car les dès sont préparés pour réussir, mais lorsque vous jouez pour tout de bon, elle substitue aux dès avec lesquels vous avez joué des dès pipés en sens contraire, et si la boiternière vous laisse gagner, ce n'est qu'une amorce pour mieux vous flouer.

Messieurs, méfiez-vous, la boiternière, si elle n'est pas toujours jolie, a tout au moins une toilette très-attrayante, un air agaçant et comprenant fort bien la gaudriole, mais ces plaisanteries se tournent toujours aux dépens des mesières (des messieurs).

LES RIFAUDEURS.

Les rifaudeurs sont une secte bien à craindre, ils s'affublent en mendiants, vont demander l'hospitalité, et dans la nuit, jettent des boulettes incendiaires, s'esbignent et s'en vont.

FAIRE LE GREC.

Ce sont de ces filous qui rodent les cafés à deux, et qui, sans avoir l'air de se connaître, se connaissent fort bien, l'un d'eux vous lie conversation et finit toujours par vous offrir une partie de cartes; son collègue se place derrière vous, à certain signe, soit en portant la main au chapeau, soit aux yeux, soit au nez, enfin à des signes convenus entr'eux, votre adversaire connaît tout votre jeu, son collègue qui fait le Grec le lui dit.

Ne souffrez jamais personne derrière vous quand vous jouez.

LE VOL AU BONJOUR

Ce genre de vol s'exploite le matin de bonne heure. Le bonjourier met la main sur tout ce qu'il trouve, gare aux voisines qui vont les unes chez les autres et laissent la porte entr'ouverte; il faut peu de temps au bonjourier pour travailler.

LE VOL A L'ESCARPE.

Sont ceux qui rôdent la nuit, assassinent le monde, les jettent à l'eau, ceci me rappelle un tour assez plaisant fait par M.***, commissaire de police. Une nuit, à 3 heures du matin, une fruitière descendait du côté du marché des Innocents, elle suivait le long du canal et entendit comme une masse tomber dans l'eau; elle entendit se débattre et ne douta plus de l'affreuse vérité, c'était un homme que l'on venait de jeter à l'eau; elle ne dit rien et se cacha derrière un tas de pierres, elle entendit le dialogue suivant entre deux escarpes: pour 16 ronds, ça ne valait pas la peine de nettoyer un gons, peut-être, répondit l'autre, et 15 balles demain quand nous le retirerons, ils s'en allèrent. Plus morte que vive, la fruitière sortit de sa cachette et alla faire sa déclaration chez le commissaire du quartier.

En effet, le lendemain deux hommes se présentent chez M.*** pour recevoir la récompense accordée par la loi à ceux qui retirent un cadavre de l'eau. Sur leur réclamation, le commissaire leur compta leur argent, c'est-à-dire 14 fr. 20 c., ce n'est pas le compte, dit l'un, si, répondit avec sangfroid l'intelligent commissaire, avec les 16 ronds que vous lui avez pris hier avant de le balancer dans la grande tasse, les deux escarpes se trouvèrent décontenancés, et le commissaire, profitant de son influence, obtint l'aveu du crime qu'avaient commis les deux escarpes.

LE VOL A LA CLAVETTE.

Le vol à la clavette s'exécute par le trou qui se trouve pratiqué à la devanture des boutiques pour l'introduction des boulons qui servent à la fermer, si vous ne mettez que le boulon et non la clavette qui sert à le retenir, les voleurs le retirent et introduisent par le trou un fil de fer crochu, et parviennent à attirer à eux soit un bout de dentelle, ou le coin d'un foulard; une fois qu'ils en tiennent un petit bout, le reste est bientôt à eux.

LE VOL AU RADIN.

Le vol au radin se trouve effectué par de petits garçons, sous les ordres de grands bandits. L'hiver est très favorable à ce genre de vol, ils profitent de 4 à 5 heures de l'après midi, c'est l'heure habituelle où les commerçants sont dans l'arrière boutique à dîner, ils s'introduisent à quatre pattes et se glissent dans toutes les sinuosités ombrées où la lumière darde le moins; ils arrivent enfin au comptoir et se blotissent dessous; quelquefois même une pratique entre, et vous la servez, le petit voleur touche presque vos pieds, et vous ne vous en apercevez pas; il profite du moment le plus favorable, et s'enfuit avec votre radin, (le tiroir de votre comptoir), si le tiroir, à son grand désapointement, est fermé, il empoigne ce qu'il trouve.

LE VOL A LE VENTERNE.

Le vol à la venterne est également exécuté par des enfants. L'été souvent on laisse ses fenêtres ouvertes le soir, quelquefois même l'on se couche ainsi, rien n'est plus dangereux pour les personnes qui habitent rez-de-chaussée et premier, de grands hommes ont avec eux des gamins qu'ils enlèvent par les pieds à bout de bras, du moment où ils peuvent atrapper le dernier barreau, ils sont bientôt chez vous; quelquefois même, quand c'est trop haut, ils ont une corde au bout de laquelle se trouve un crampon, ils le lancent, et grimpent à la croisée le long de cette corde. Ce genre d'industrie s'appelle marcher à la venterne.

LE VOL AU BENJAMIN.

S'effectue habituellement par des marchands de mouchoirs: ils n'ont plus que ces six, ils les sortent de leur blouse, car ils n'ont pas, vous disent-ils, de patentes, le commissaire a voulu leur en faire prendre une, mais ils n'ont pas le moyen, aussi vendent-ils en cachette. Voyons, madame, mes six derniers pour tel prix, vous les regardez et vous offrez le vôtre, ils les reploient, cela est impossible, les remettent sous leur blouse et vous disent: eh bien! Madame, décidément voulez-vous mettre tant, non, ils vous les donnent, mais ils ont changé le paquet qu'ils vous donnent, il n'y en a plus que quatre ou six, mais un tiers plus petit. Cette substitution s'appelle faire le benjamin.

VOL A LA ROULOTTE.

Les roulotiers sont des gens qui sont à la piste des voitures de roulage et des diligences, des voitures de blanchisseuses. La nuit, sur la route, ils coupent les baches de vos voitures et attrapent ce qu'ils peuvent. Quelquefois un roulier traîne pendant une heure son voleur sans s'en apercevoir. Les camioneurs aussi à Paris sont bien susceptibles d'être victimes des roulotiers; aussi ayez des chiens sous vos voitures, et au premier avertissement, regardez.

LE VOL AU CAFEMON.

Le vol au cafemon s'exécute ainsi: un individu vient au café, commande 12 demi-tasses qu'il faut apporter la maison à côté, l'individu attend le garçon dans l'escalier, lorsque celui-ci arrive, il lui dit: combien apportez-vous de demi tasses, 12, dit le garçon, mais je vous en ai demandé 14, donnez-moi cela et courez en chercher deux autres, le crédule garçon y va, et en revenant, trouve dans l'escalier sa corbeille garnie de tout comme avant, seulement il trouve 12 petites cuillères de moins, il a beau demander à tout le monde M. Charles, un grand blond, ou un petit brun, qui doit demeurer au troisième la porte à gauche, personne ne le connaît.

LE VOLEUR AU DIGUE DIGUE.

Il entre une dame bien mise dans un magasin, qui y fait des emplettes magnifiques, elle a presque terminé ses achats, d'autres, ses complices, arrivent, le magasin se trouve de suite garni d'acheteurs et acheteuses, tout-à-coup cette dame tombe des attaques de nerfs, cela s'appelle tomber du digue digue; tout le monde quitte son rayon pour la secourir, elle demande de l'éther, l'on courre en chercher, et pendant ce temps les autres travaillent (les autres vous volent); enfin elle va mieux, mais veux prendre l'air un peu, elle sort, et vous ne la revoyez plus.

LE VOL AU CAROUBLE.

Le vol au carouble, ou vol à l'aide de fausses clés, s'exécute presque toujours d'après le consentement de personnes qui vous sont attachées par domesticité ou par d'autres qui y sont reçues souvent. Ce sont ceux desquels vous vous méfiez le moins qui donnent aux caroubleurs l'empreinte de votre clé, et d'après l'empreinte prise sur la cire, ils en font une pareille. Alors l'on convient du jour et de l'heure où le vol doit s'effectuer, et ceux à qui vous contez votre mésaventure ont souvent partagé dans le vol.

Méfiez-vous surtout de laisser la clé de votre chambre en dehors sur la porte, car les caroubleurs montent dans les maisons et tirent doucement votre clé, et la posant sur toute face sur de la cire amodelée, rien n'est plus facile d'en faire une pareille; si un léger bruit vous donne l'éveil, vous les trouvez à votre porte, ils vous demandent très gracieusement après M. ou Mme un tel.

LE VOL AU COMMIS.

Un individu vient dans un magasin et demande à voir ce que l'on a de plus beau en cachemire, il en achète un et dit que l'on le lui envoie immédiatement, le patron de la maison remet le cachemire à son commis, ainsi que la facture, le commis accompagne le Monsieur qui le conduit dans une des belles rues de la Chaussée d'Antin, et lui dit, au moment où il frappe à la porte d'un magnifique hôtel, remettez-le moi, que j'aie le plaisir de le présenter en entrant, ce que le commis fait sans difficulté; la porte s'ouvre, il fait entrer le commis le premier, et la referme avec vîtesse; le temps que le portier ait dit: qui demandez-vous, et qu'il n'ait tiré le cordon, le voleur est loin.

LE ROSSIGNOLEUR A LA FLANC.

Le rossignoleur est celui qui porte avec lui une quantité de crochets semblables à ceux dont se servent les serruriers, et qui monte au hasard dans une maison; il frappe à la porte, et si personne ne répond, il se met en exécution. Ce vol s'appelle à la flanc. Méfiez-vous des gens qui ne sont pas de la maison et que vous voyez rôder dans les escaliers, demandez-leur hardiment ce qu'ils veulent, ils vous demanderont un centre à la flanc, (un nom au hasard), et se cavaleront, car le pentre sera réchauffé; ils vous demanderont un nom au hasard, ils s'en iront, car vous vous serez douté de quelque chose.

ALLER AU FRICFRAC.

Ce genre de vol s'effectue dans le même genre que le rossignoleur à la flanc, à l'exception qu'après s'être assuré de l'absence des personnes, il sorte de dedans leur pantalon une pince en fer, et soulève votre porte ou la casse. Le voleur au fricfrac est reconnaissable, il n'a qu'une main à son service et marche raide, car la barre de fer dans son pantalon le gêne à marcher, et une de ses mains est occupée à la retenir.

FIN.